- COMPONENTES DE UNA PC / LAPTOP
- SOFWARE DE BASE / SISTEMA OPERATIVO
- LENGUAJE/ PALABRAS Y SU SIGNIFICADO USADO EN ESTA TECNOLOGIA
- BUSCADOR DE INFORMACION EN LA WEB- EXPLORADOR
- COMO ADMINISTRAR UN E-MAIL
- ADMINISTRAR EL WORD
- GENERACION DE UN SOFTWARE PARA CONFERENCIAS: zoom

Computación para todos

Conceptos Básicos

Primera Parte

COMPUTACIÓN INICIAL PARA NIÑOS, JÓVENES, PADRES, JUBILADOS Y ABUELOS.

⚠️ **MUY IMPORTANTE PARA PODER INICIAR ESTA CAPACITACION SERA NECESARIO QUE SU PROVEEDOR RESUELVA LOS SIGUIENTES TEMAS:**

Disponer de una laptop o de una PC con el software operativo Windows reléase 10 o 11; internet asociado al hardware e instalado el buscador Explore de Windows (*El internet explore Windows dejo de dar soporte a partir del 15/06/2022 remplazado sé por* **MICROSOFT EDGE**). *Instalar Microsoft EDGE*.

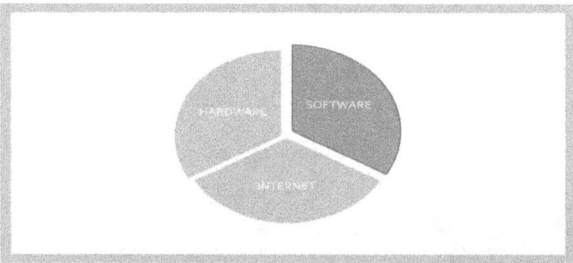

A los fines de ir familiarizarse con el vocabulario usado en informática, veremos los componentes básicos de una PC:

Por el mismo motivo veremos los componentes básicos de una laptop:

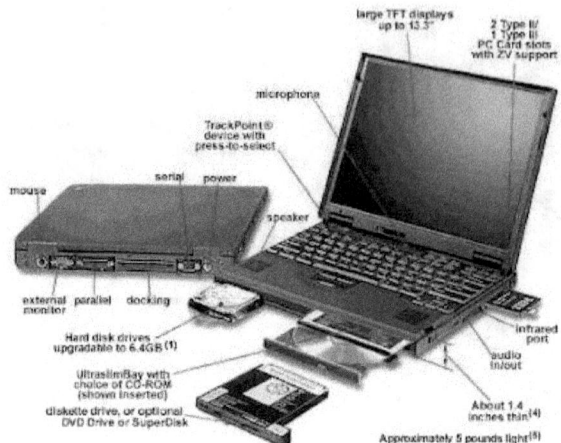

Se aclaran algunas definiciones dadas con anterioridad:

Software de base

En el mundo de la informática el software de base o también conocido como software de sistema se define como una serie de programas que se preinstalan en los computadores o en los sistemas informáticos y que por medio de ellos se puede interactuar con el Sistema Operativo (el software que es el conjunto de programas a través del cual las computadoras logran realizar determinadas tareas y también administrar el buen funcionamiento de todo el sistema y garantizar su operatividad) para dar soporte a otros programas y regir el control digital del hardware. Ejemplo si yo quiero acceder a las noticias de un diario necesito este software de base; ídem como otro ejemplo si quiero comunicarme VÍA IMÁGENES Y AUDIO con mi hijo que se encuentra en otro lugar físico necesito este producto.

El software de base se compone de los siguientes componentes:

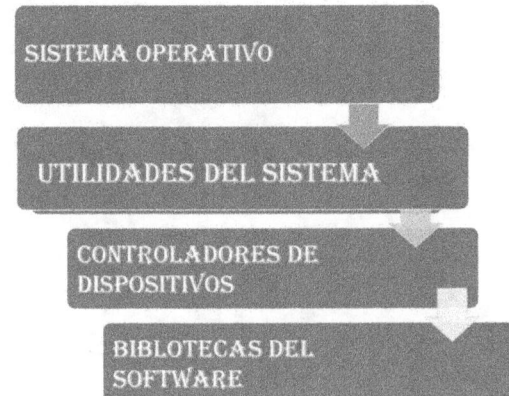

Sistema Operativo: es el conjunto de programas a través del cual las computadoras logran realizar determinadas tareas y también administrar el buen funcionamiento de todo el sistema y garantizar su operatividad.

Controladores de dispositivos: Un **controlador de dispositivo** es un componente de software que permite que el **sistema operativo** y un **dispositivo** se comuniquen. Cuando una **aplicación** necesita leer datos de un dispositivo, llama a una función implementada por el sistema operativo. A continuación, el sistema operativo llama a una función implementada por el controlador. El controlador, generalmente desarrollado por el fabricante del dispositivo, sabe cómo comunicarse con el hardware del dispositivo para obtener los datos. <u>Una vez que el controlador obtiene los datos, los devuelve al sistema operativo, que luego los devuelve a la aplicación.</u>

Bibliotecas de software: Una biblioteca (library) es una colección de recursos no volátiles utilizados por programas de ordenador, a menudo para el desarrollo de software. Estos recursos pueden incluir datos de configuración, documentación, datos de ayuda, plantillas de mensajes, código prescrito y subrutinas, clases, valores o especificaciones de tipo. Muchas ellas ya estándar facilitaran la tarea del programador.

Utilidades del sistema: son pequeños programas que desempeñan tareas específicas para garantizar el correcto funcionamiento de la computadora. Cada una de ellas contribuye a la eficiencia y estabilidad del sistema.

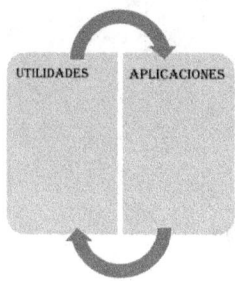

1. **Diferencia entre Utilidades y Aplicaciones:**
    - Las utilidades son **más pequeñas y básicas** que las aplicaciones.
    - Las aplicaciones, en cambio, son más complejas y realizan múltiples funciones, a menudo no directamente relacionadas con la estructura básica de la computadora.
    - Por ejemplo, los procesadores de texto y las hojas de cálculo son aplicaciones comunes, mientras que las utilidades se centran en tareas específicas del sistema.
2. **Ejemplos de Utilidades en el Sistema Operativo:**
    - **Utilidad de Disco:** Maneja los dispositivos de almacenamiento (discos) creados por la computadora.
    - **Utilidades de Impresión:** Gestionan las impresoras y otros dispositivos conectados a la computadora.
    - **Otras Utilidades:** Pueden estar relacionadas con la administración de archivos, la seguridad, la configuración del sistema, etc.
3. **Importancia de las Utilidades:**
    - Aunque algunas utilidades pueden no ser completamente necesarias, otras son vitales para el funcionamiento adecuado del sistema operativo.
    - Algunas herramientas simples dentro del sistema operativo también se consideran utilidades.

Definicion internet

Internet es una red global de computadoras interconectadas que utilizan un conjunto estandarizado de protocolos de comunicación para facilitar el intercambio de datos y la comunicación entre usuarios de todo el mundo. En términos más simples, es una red de redes, que permite a los dispositivos conectarse entre sí y compartir información, recursos y servicios a través de una variedad de tecnologías de comunicación, como cables, fibra óptica, radiofrecuencia y satélites. Internet se ha convertido en una herramienta fundamental en la vida moderna, abarcando una amplia gama de aplicaciones que van desde la comunicación instantánea hasta el comercio electrónico, la educación en línea, el entretenimiento y mucho más.

MEMORIA RAM

En informática, la memoria RAM (acrónimo de *Random Access Memory*, o sea, "Memoria de Acceso Aleatorio" en inglés) es un tipo de memoria operativa de las computadoras y sistemas informáticos, donde se ejecuta la mayor parte del software, desde el propio sistema operativo hasta el software de aplicación y otros programas semejantes.
Por otro lado, la memoria RAM **es una forma de memoria temporal**, a corto plazo, que al apagar o reiniciar el sistema vuelve a estar en blanco. Es por ello que, al encender la computadora, los módulos básicos de funcionamiento inscritos en ROM (como el POST o el BIOS) hacen un chequeo de la memoria RAM para asegurarse de que esté operativa y se pueda volcar en ella el software necesario para iniciar el sistema.

Unidad óptica

Las unidades ópticas permiten almacenar o retirar datos de discos ópticos, como es el caso del CD, DVD y Blu-Ray, los cuales acostumbran a disponer de mayor capacidad que medios portátiles como el **disquete**. Sin embargo, están muy lejos de la gran capacidad de almacenamiento de un **disco duro**.

La unidad óptica acostumbra a tener diferentes nombres, como unidad de disco, ODD (abreviatura), unidad de CD, unidad de DVD o unidad de BD (Blu-ray).

Large TFT display

Las pantallas TFT (Thin Film Transistor) son un tipo de tecnología de visualización que utiliza una matriz de transistores de película fina (TFT) para controlar el voltaje que se aplica a cada píxel de la pantalla.

Esto permite que las imágenes y los videos se muestren con un alto nivel de precisión, lo que lleva a una alta resolución, brillo y precisión de color.

Intrared point

Es un dispositivo que se va a conectar al router para poder ofrecer conexión en otro lugar. Básicamente crea un segundo punto al que podemos conectarnos desde otros equipos. Es importante destacar que se va a conectar al Reuter o dispositivo principal mediante cable y no por Wi-Fi. (se aclara que el Reuter es hardware provisto por el proveedor de internet

EN ESTE MANUAL VAMOS A VER LOS SIGUIENTES TEMAS BÁSICOS:

- BUSQUEDA EN LA WEB
- E-MAIL
- ADMINISTRACION DE ARCHIVOS
- CONFERENCIA
- WORD
- GENERACION DE SOFTWARE

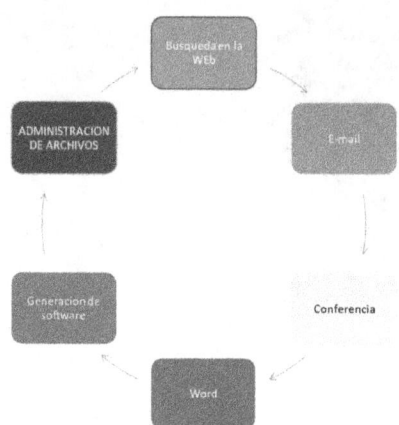

Busqueda en la WEb

- Es muy útil para averiguar informaciones que nos interesan, siendo las posibilidades que brinda ilimitadas.
- Técnicas a tener en cuenta para tener buenos resultados:

Si se está buscando una frase determinada por ejemplo el nombre de una película es necesario incluir al principio de la frase y al final comillas. Ejemplo:" EL ULTIMO TANGO EN PARIS"

Cuando se quiera buscar dentro de una página web compleja una determinada información, colocar la palabra site luego el nombre de la página web y por último la palabra clave, ejemplo: windows10 site:bloggthinkbig.com Windows10.

Para poder encontrar un artículo o información en que todo el contenido de la búsqueda debe aparecer en el título de los resultados, como por ejemplo un análisis de algún teléfono móvil o aparato electrónico hay que incluir la palabra *"allintitle"* antes de la palabra clave.

Si lo que se busca es información en un formato determinado ya sea PDF o algún otro formato del paquete office, hay que colocar la extensión del formato requerido al final de las palabras colocadas en el buscador. Por ejemplo: guerra civil filetype:pdf. (para el conocimiento de Uds. **pdf** es la extensión de los archivos PDF

1. Presiona las teclas Win + I para abrir la Configuración de Windows.
2. Haz clic en "Cuentas".
3. Selecciona "Opciones de inicio de sesión".
4. En la sección "Contraseña", haz clic en "Agregar".
5. Sigue las instrucciones para establecer una contraseña.

PASO 1.

PASO 2.

PASO 3.

PASO 4.

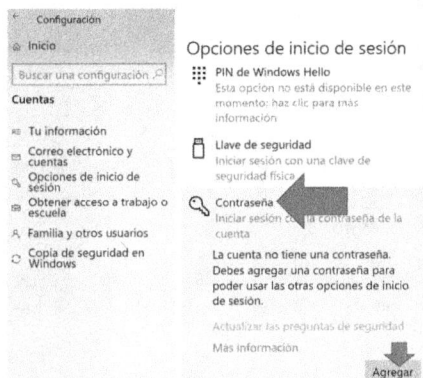

PASO 5

Para el caso se colocó como contraseña: **MATIAS** (ESTE CASO ES TODA LA CONTRASEÑA CON MAYUSCULAS; es importante respectar si hay minusculas escribirlo Con minusculas).

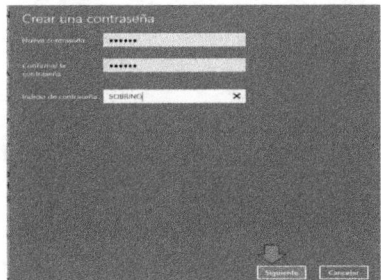

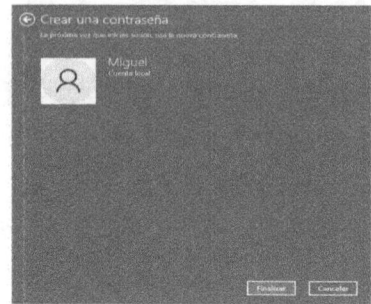

MUY IMPORTANTE: SINO SE HACE CON EL MOUSE UN CLICK EN FINALIZAR NO SE GRABARÁ NADA DE LO REALIZADO.

ICONO DEL Microsoft edge

¿Qué es Microsoft Edge?

Microsoft Edge es el navegador de Microsoft que ha sustituido al viejo Internet Explorer. Tiene tantas ventajas con respecto a su predecesor que se ha convertido en el segundo 'browser' más usado, solo por detrás de Google Chrome por su rapidez, rendimiento y compatibilidad.

Ahora vamos a prender la PC o laptop:

Donde dice: "buscar o escribir dirección web", vamos a colocar : DIARIOS DE ESPAÑA

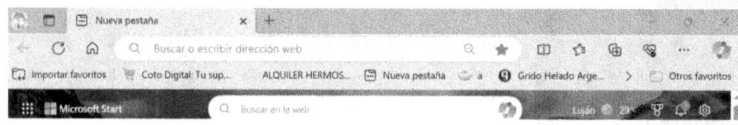

Donde dice: "buscar *o escribir dirección web*", vamos a colocar: DIARIOS DE ESPAÑA y damos enter con el botón izquierdo del mouse

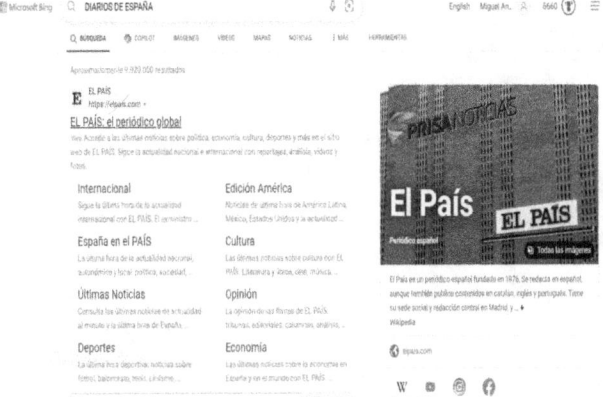

Si ahora buscamos información en PDF: colocamos en el buscador:

    Filetype:pdf

Nos va a traer información solo en PDF, como se muestra a continuación:

E-MAIL

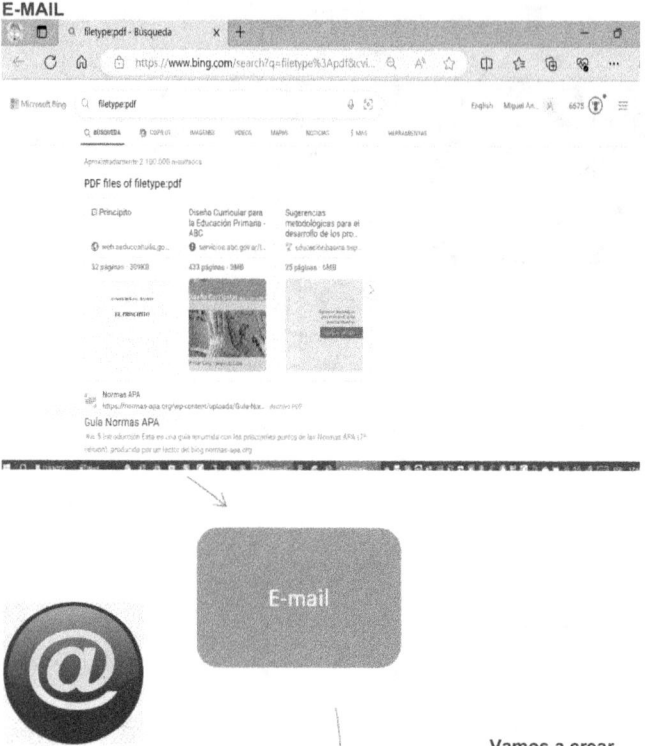

Vamos a crear una cuenta de Gmail:
Colocar en el buscador la palabra clave: Gmail: el correo electrónico de Google

Damos enter con el mouse en: Gmail: el correo electrónico de Google

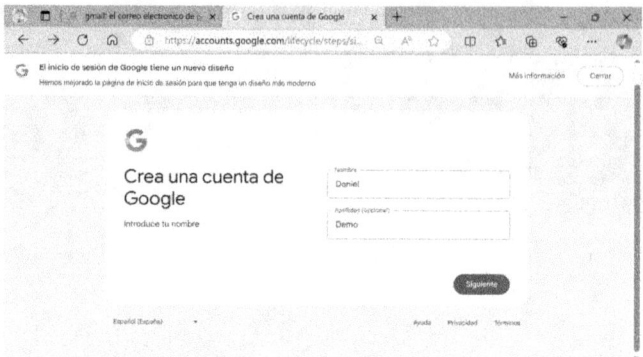

Hacemos un enter con el mouse en: SIGUIENTE

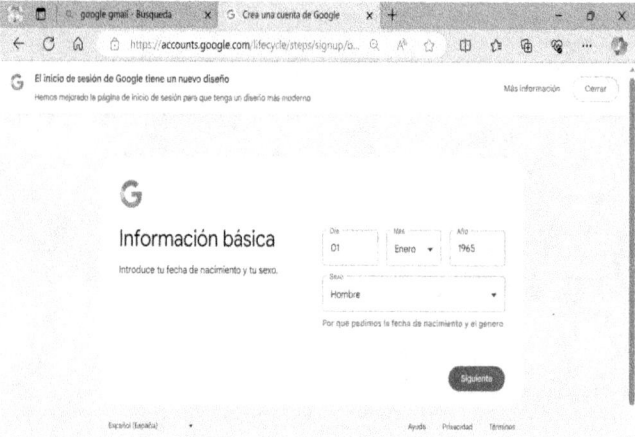

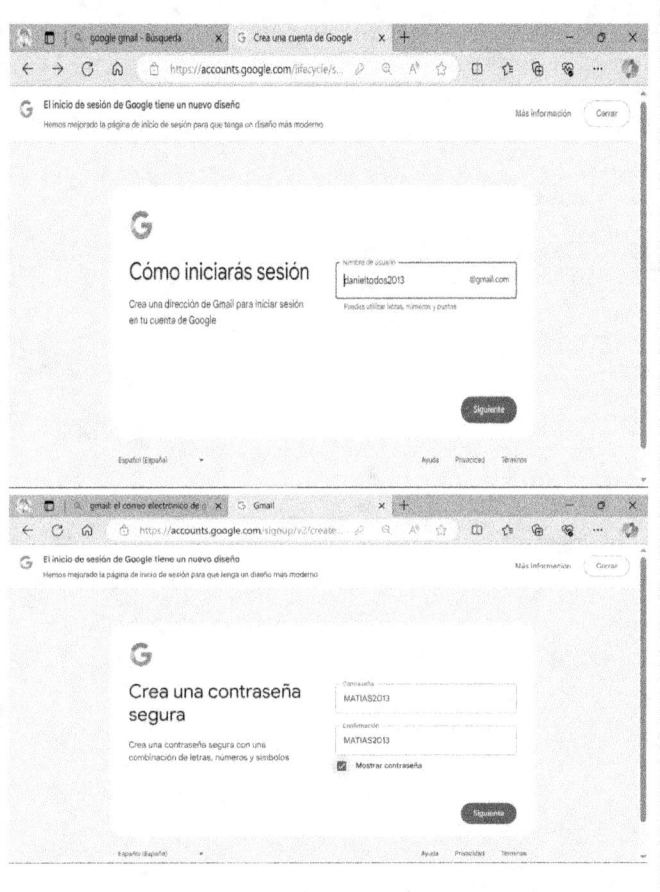

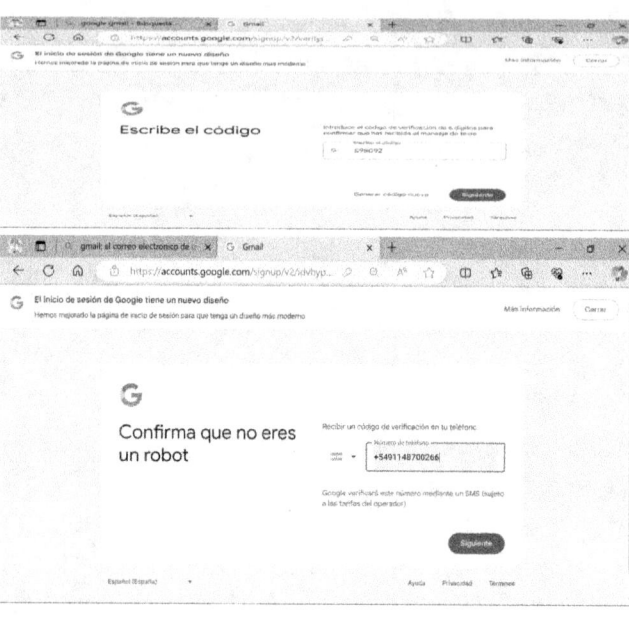
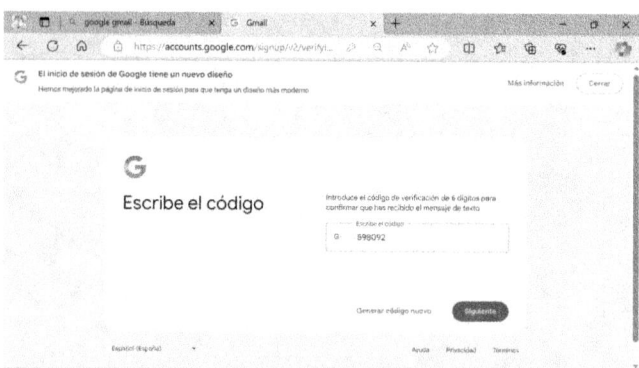

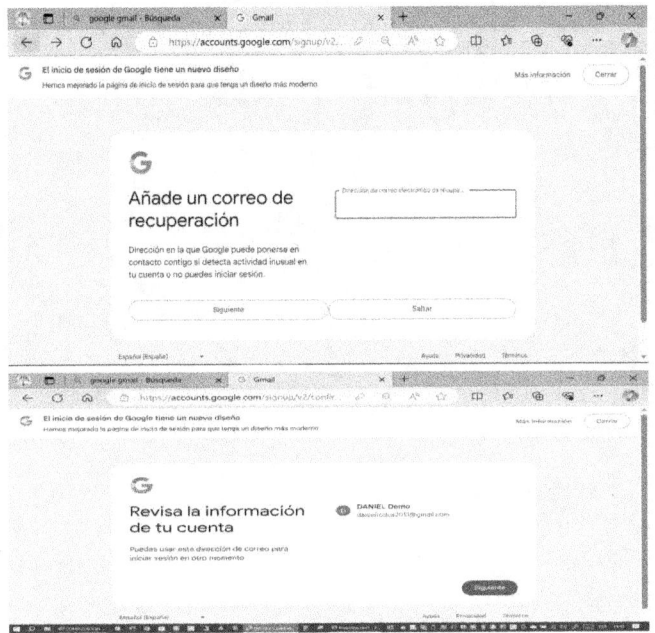

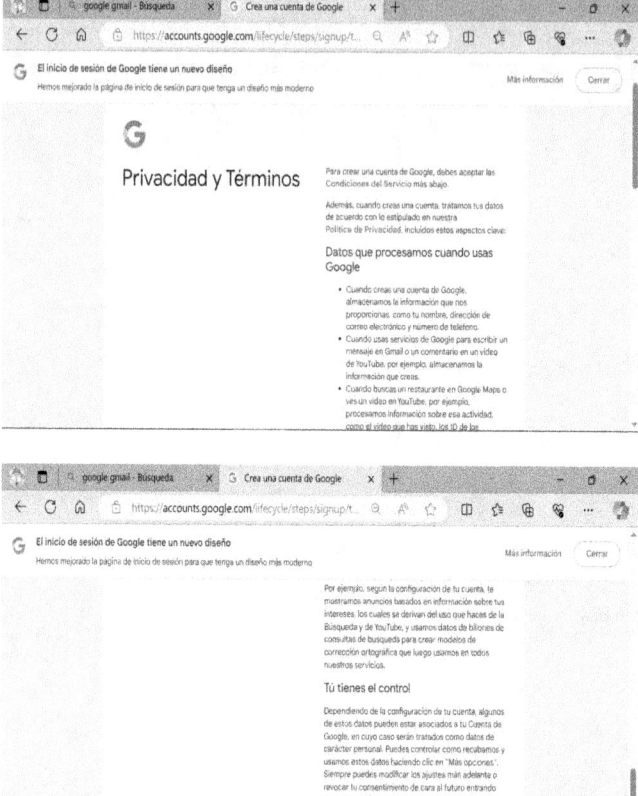

# Cómo funcionan los anuncios en Gmail

Al abrir Gmail, verás una selección de los anuncios que te pueden resultar más útiles y relevantes. Los anuncios personalizados se eligen y presentan de forma totalmente automática en Gmail, y se te muestran en función de tu actividad online en Google después de iniciar sesión. No analizamos ni leemos tus mensajes de Gmail para decidir qué anuncios mostrarte.

Privacidad, transparencia y libertad de elección

Google no vende tus datos personales (la información de tu cuenta de Google y de Gmail, por ejemplo). Tampoco la comparte con ningún anunciante, a menos que tú lo solicites.

A la hora de publicar anuncios, seleccionamos con mucho cuidado los contenidos a los que acompañan. Por ejemplo, en Google no segmentamos los anuncios basándonos en información confidencial (raza, religión, orientación sexual, salud, información financiera confidencial, etc.). Los anuncios mostrados en Gmail están sujetos a la política de anuncios de Gmail.

Si quieres impedir que tu información personal se use para personalizar anuncios de Gmail, ve a la página Configuración de anuncios y desactiva la opción Personalización de Anuncios. Al hacerlo, puede que sigas viendo anuncios en Gmail, pero no se basarán en datos personales que Google haya asociado a tu cuenta de Google.

Consulta más información sobre cómo procesa Google tus datos y la política de privacidad de Google.

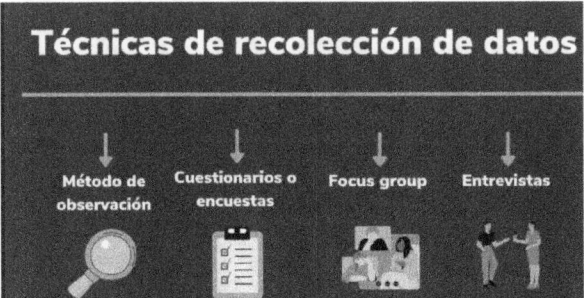Cuando realizas una búsqueda en Google, el motor de búsqueda recorre cientos de miles de

millones de páginas web y otro contenido almacenado en su índice para encontrar información útil. Aquí hay algunos aspectos clave sobre cómo funciona la Búsqueda de Google:

1. **Rastreo e indexación**: El primer paso es rastrear e indexar. Google envía rastreadores automatizados (conocidos como "arañas" o "bots") para explorar y analizar el contenido de las páginas web. Estos rastreadores siguen enlaces de una página a otra, recopilando información sobre el contenido y su estructura. Luego, Google almacena esta información en su índice.
2. **Organización de la información**: Google organiza la información en su índice mediante algoritmos sofisticados. Utiliza técnicas de clasificación y relevancia para determinar qué páginas son más relevantes para una consulta específica. Esto implica evaluar factores como la calidad del contenido, la autoridad del sitio web y la frescura de la información.
3. **Clasificación de resultados**: Cuando realizas una búsqueda, Google utiliza su algoritmo para clasificar los resultados en función de la relevancia. Los resultados más relevantes y útiles se muestran en la parte superior de la página de resultados.
4. **Pruebas rigurosas**: Google realiza pruebas rigurosas para garantizar que los resultados sean precisos y útiles. Estas pruebas incluyen la evaluación de la calidad del contenido, la detección de spam y la verificación de la seguridad del sitio web.
5. **Detección de spam**: Google también se esfuerza por filtrar el contenido de baja calidad o spam. Esto ayuda a proporcionar resultados confiables y relevantes a los usuarios.

Ahora vamos a proceder a recibir un e-mail con un archivo adjunto y luego le vamos a agradecer al remitente el envío.

Aceptar o recibir un correo electrónico puede plantear varios problemas potenciales, especialmente si no se toman precauciones adecuadas. Aquí hay algunos problemas comunes que pueden surgir al recibir o aceptar un correo electrónico:

1. **Spam y correo no deseado**: Uno de los problemas más comunes es recibir correo no deseado o spam. Estos correos electrónicos suelen ser enviados por remitentes desconocidos y pueden contener enlaces maliciosos, estafas o contenido no deseado.

2. **Phishing**: Los correos electrónicos de phishing intentan engañar al destinatario haciéndose pasar por una entidad de confianza, como un banco o una empresa conocida. El objetivo es obtener información confidencial, como contraseñas o detalles de la tarjeta de crédito. Si se acepta o se interactúa con un correo electrónico de phishing, se corre el riesgo de comprometer la seguridad de la información personal o financiera.

3. **Malware y virus**: Los correos electrónicos pueden contener archivos adjuntos maliciosos que pueden infectar el dispositivo con malware o virus. Estos archivos pueden parecer inofensivos, como documentos de Word o archivos PDF, pero en realidad pueden dañar el dispositivo o robar información confidencial.

4. **Suplantación de identidad (spoofing)**: Los correos electrónicos de suplantación de identidad pueden parecer provenir de una fuente legítima, pero en realidad son enviados por estafadores. Estos correos electrónicos pueden ser difíciles de detectar y pueden llevar a acciones no deseadas si se confía en la identidad falsificada.

5. **Contenido inapropiado u ofensivo**: Algunos correos electrónicos pueden contener contenido inapropiado u ofensivo, como mensajes de odio, imágenes perturbadoras o material para adultos. Recibir o aceptar este tipo de correo electrónico puede ser molesto o angustiante para el destinatario.

6. **Violación de la privacidad**: Algunos correos electrónicos pueden contener información confidencial que no debería ser compartida sin autorización. Si se recibe o se acepta accidentalmente un correo electrónico con información privada, puede provocar una violación de la privacidad.

Google sabe mucho de ti. *Sabe dónde vives, dónde vive tu ex, dónde trabajas, qué ruta tomas para ir a trabajar, qué compras en línea, qué sitios web visitas, tus opiniones políticas, cuánto dinero tienes en tu cuenta bancaria y si eres soltero o casado. Probablemente hasta sepa que estás* leyendo este artículo. Más allá de esta clara violación de la privacidad, **no guarda la información de forma confidencial**. *Estos datos se aprovechan, se procesan y, lo más preocupante, se venden a terceras empresas con las que probablemente no estarías de acuerdo con compartir tus datos*[1].

El abuso de datos no es nada nuevo, pero cuanto más exigimos de nuestros dispositivos móviles, más se convierten nuestros datos en la moneda con la que las empresas tecnológicas obtienen sus beneficios. La necesidad de entregar nuestros datos se vende a nosotros como necesario para proporcionar la mejor experiencia posible de una aplicación, pero en muchos casos es necesario acceder a tus fotos o datos de localización para que una aplicación funcione. Mientras que los teléfonos Android ofrecen el mayor campo de acción para los desarrolladores, su principio de proyecto de código abierto lo convierte en un blanco para los hackers y el abuso de datos a través de sus 2,1 millones de aplicaciones. *El principal rival de Android, el sistema operativo móvil iOS de Apple, es una alternativa más segura, ya que somete a sus aplicaciones a un proceso interno de revisión más estricto, pero también tiene problemas de privacidad, a pesar de las campañas publicitarias de Apple que sugieren que es completamente seguro*[1].

Google ha tomado medidas en los últimos años para ser más transparente sobre lo que hace con nuestros datos y los usuarios de sus productos ahora tienen más control sobre el uso de la información personal cuando utilizan sus servicios. Pero subsisten temores fundamentales sobre la medida en que nuestros datos son la moneda utilizada por Google y otros para obtener enormes beneficios. *Aunque nuestras aplicaciones favoritas no nos cuestan nada cuando las descargamos, a menudo pagamos de una manera potencialmente más dañina, por ejemplo, entregando nuestra ubicación exacta cada vez que caminamos por la calle* .

OJO. No existe ninguna institución ni empresa exenta de sufrir un ciberataque. Incluso, empresas como **Facebook** han sido atacadas para extraer contraseñas de los usuarios de la red social.

A nivel mundial, se registraron casos en los que hubo pérdidas de millones de registros de datos debido a ciberataques o a la poca seguridad para resguardarlos.

La empresa con mayor número de registros perdidos es **River City Media**, uno de los propagadores de spam.

Entre los 1.370 millones de registros perdidos, durante 2017, se encuentran nombres de usuarios, direcciones de email, direcciones físicas de hogar y direcciones IP.

La siguiente en la lista es **Aadhaar**, base de datos nacional de identificación de la India, ya que sufrió una fuga de datos en 2018. Esta base de datos cuenta con información biométrica, registro de huellas e iris, de más de 1,100 millones de ciudadanos indios.

También, aparece la compañía estadounidense **Yahoo!**, debido a que en 2013 un ataque comprometió cerca de 1,000 millones de cuentas.

Alto costo por pérdida de datos

Las amenazas cibernéticas son consideradas como el principal riesgo de negocio para 41% de los inversionistas, de 663 encuestados por la consultoría PwC en el estudio PwC Global Investor Survey 2018.

El costo aproximado de una vulneración de datos, a nivel mundial, es de 3.86 millones de dólares según un estudio del Instituto Ponemon.

Conoce el listado de las 15 compañías e instituciones que más registros de datos han perdido a causa de un ciberataque. Da clic en cada nombre para saber más detalles.

Colocar:

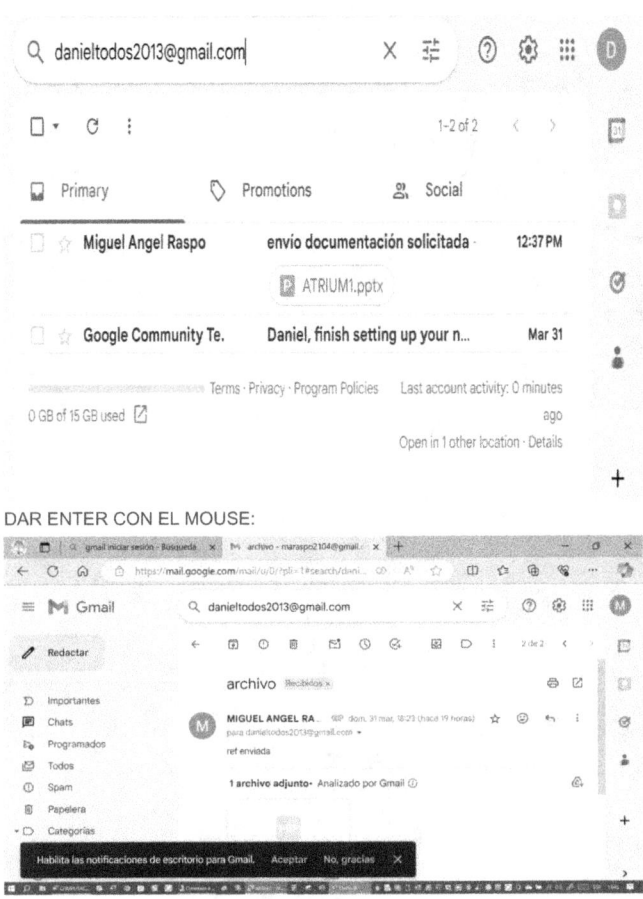

DAR ENTER CON EL MOUSE:

Vamos a ver el archivo adjunto: HACEMOS ENTER: EN PDF

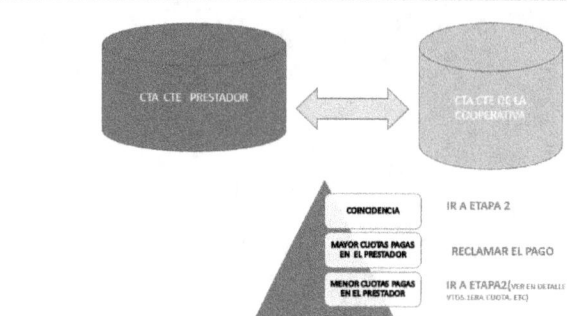

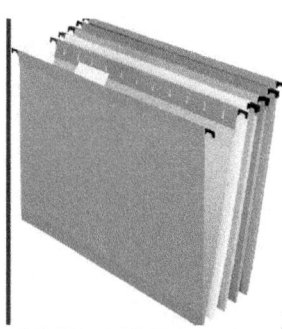

VAMOS A TRATAR AHORA COMO ARCHIVAR LOS ARCHIVOS, ES DECIR SI LO VAMOS A GUARDAR:

 **El Explorador de Windows tiene un nombre nuevo:**

Se llama Explorador de archivos en Windows 10. Hay tres maneras de abrirlo:
- Selecciona el botón **Inicio** Windows logo y encuéntralo en el menú Inicio.

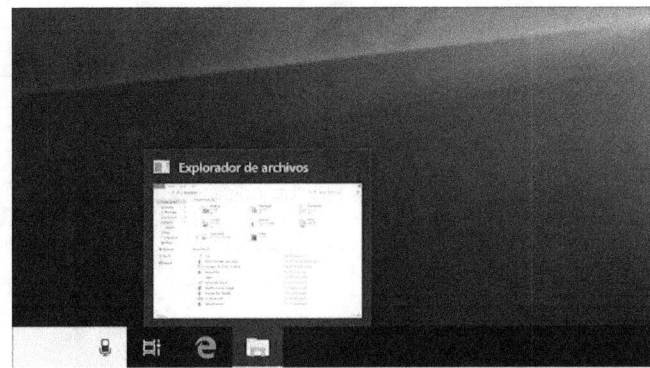

Cuando se instala el sistema operativo en general todo el software de base se guarda en una partición del disco rígido llamado disco D y otra parte llamada disco C para todos los temas operativos.

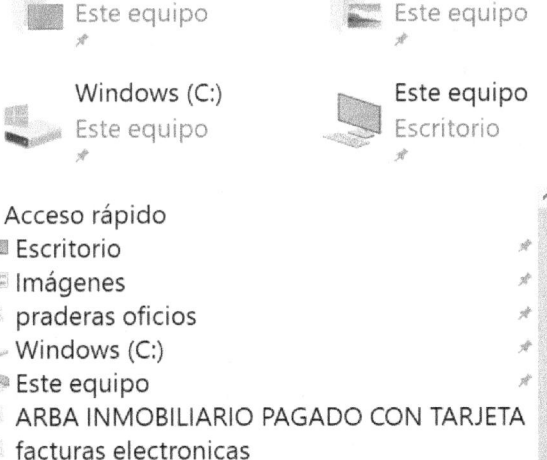

Nos paramos con el mouse y le damos enter con el BOTON DERECHO:

Claro, aquí tienes una guía detallada para crear una carpeta y una subcarpeta en Windows 10 para guardar un archivo recibido por correo electrónico en tu laptop:

Abrir cliente de correo electrónico Inicia sesión en tu cliente de correo electrónico GMAIL en tu Pc.

Ubicar el correo electrónico con el archivo adjunto localizado el correo electrónico que contiene el archivo que deseas guardar en tu Pc. Una vez localizado, abrir el correo electrónico.

Descargar el archivo adjunto al e-mail. Esto suele implicar hacer clic en el nombre del archivo adjunto o en un botón de descarga dentro del correo electrónico. Descarga el archivo y guárdalo en una ubicación conocida en tu Pc, como el escritorio o una carpeta determinada abierta previamente. Para lo cual vamos a abrir el explorador haciendo click con el botón derecho en un área vacía dentro de la ventana del Explorador de archivos, selecciona "Nuevo" y luego "Carpeta". Escribe un nombre descriptivo para la carpeta principal y presiona Enter para confirmarlo, vamos a colocarle como nombre a la carpeta:

CURSO BASICO COM PUTACION

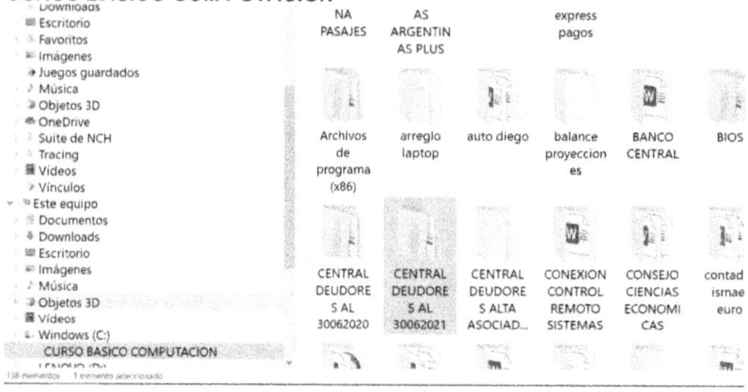

Ahora vamos al disco C para ver si esta la carpeta:

- Windows (C:)
  - AARGENTINA PASAJES
  - AEROLINEAS ARGENTINAS PLUS
  - AFIP
  - american express pagos
  - ANSES
  - ANTEOJOS
  - ARBA INMOBILIARIO PAGADO CON TARJETA
  - Archivos de programa (x86)
  - arreglo laptop
  - auto diego
  - balance proyecciones
  - BANCO CENTRAL
  - BIOS
  - Brother
  - CENTRAL DEUDORES AL 30062020
  - CENTRAL DEUDORES AL 30062021
  - CENTRAL DEUDORES ALTA ASOCIADOS AL
  - CONEXION CONTROL REMOTO SISTEMAS
  - CONSEJO CIENCIAS ECONOMICAS
  - contador ismael euro
  - coop electrica
  - copas y plaquetas
  - coto pedidos
  - creditan
  - CUENTOS
  - CURSO BASICO COMPUTACION

Hacer click con el botón derecho en la carpeta principal que acabas de crear, selecciona "Nuevo" y luego "Carpeta". Escribe un nombre descriptivo para la subcarpeta, vamos a ponerle PEDIDO DANIEL y presiona Enter para confirmarlo. Vamos a ver cómo queda la subcarpeta creada:

- ...EXION CONTROL REMOTO SISTEM..
- CONSEJO CIENCIAS ECONOMICAS
- contador ismael euro
- coop electrica
- copas y plaquetas
- coto pedidos
- > creditan
- > CUENTOS
- ˅ CURSO BASICO COMPUTACION
  - PEDIDO DANIEL
- > CURSO JAVA
- curso java script detalle pantallas
- > Descargas
- > diego
- > Documents
- > Drivers
  - ~iv software

- ...EXION CONTROL REMOTO SISTEM...
- CONSEJO CIENCIAS ECONOMICAS
- contador ismael euro
- coop electrica
- copas y plaquetas
- coto pedidos
- > creditan
- > CUENTOS
- ∨ CURSO BASICO COMPUTACION
    - PEDIDO DANIEL
- > CURSO JAVA
- curso java script detalle pantallas
- > Descargas
- > diego
- > Documents
- > Drivers
- ~iv software

- ..~LAION CONTROL REMOTO SISTEM...
- CONSEJO CIENCIAS ECONOMICAS
- contador ismael euro
- coop electrica
- copas y plaquetas
- coto pedidos
- > creditan
- > CUENTOS
- ∨ CURSO BASICO COMPUTACION
  - PEDIDO DANIEL
- > CURSO JAVA
- curso java script detalle pantallas
- > Descargas
- > diego
- > Documents
- > Drivers
- ~iv software

Teniendo la subcarpeta creada, puedes mover el archivo que descargaste del correo electrónico a esta subcarpeta. Simplemente arrastra y suelta el archivo desde su ubicación actual (como el escritorio o la carpeta de descargas) a la subcarpeta que acabas de crear en el Explorador de archivos.

☆ yo   archivo - ref enviada

                        📕 factura vto 020...

Hacemos un click con el mouse botón derecho sobre el archivo(factura) y seleccionamos la opción:

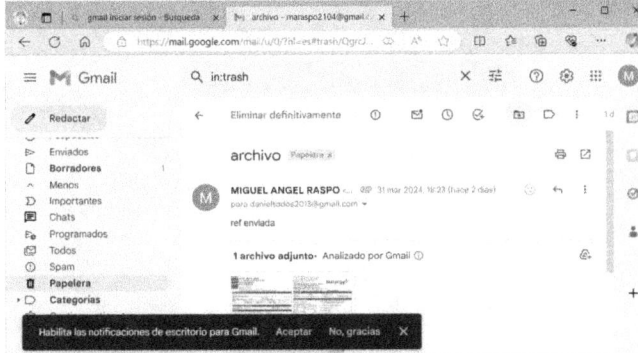

Mover a: RECIBIDOS

Nos paramos con el mouse sobre recibidos, hacer clic con el botón derechos y seleccionar GUARDAR COMO:

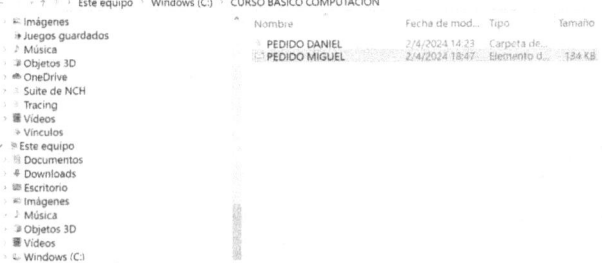

Si damos doble click con el mouse sobre PEDIDO MIGUEL:

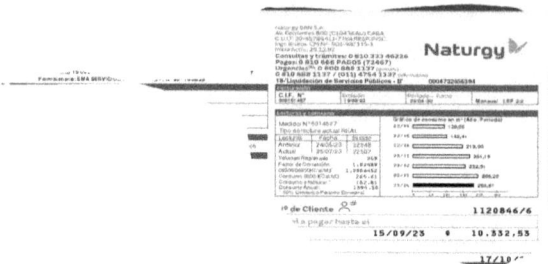

DESVENTAJAS Y CUIDADOS A TENER EN CUENTA CUANDO SE UTILIZA EL E-MAIL

1. Puedes recibir tantos correos que puede ser difícil gestionarlos todos de manera efectiva. Esto sucede cuando la concurrencia de e-Mil es muy masiva.
2. Podrás recibir correos no deseados que pueden ser molestos o incluso peligrosos si contienen enlaces maliciosos o phishing.
3. El correo electrónico puede ser vulnerable a ataques de hackers, malware y phishing si no se toman las medidas de seguridad adecuadas. Pueden ser interceptados o accedidos por terceros no autorizados si no se utilizan métodos de encriptación adecuados.
4. Mantener siempre muy actualizados tus programas de correo electrónico y antivirus para protegerte contra posibles vulnerabilidades de seguridad. Cuidado con la información que puede sensible

Cuidados a tener:

WORD

Word es un término inglés que puede traducirse como "palabra". Su uso en nuestra lengua, de todos modos, se vincula al nombre de un programa informe-mático desarrollado por la compañía estadounidense Microsoft. Word, o Microsoft Word, es la denominación de un procesador de texto: es decir, de un software que permite al usuario la creación y edición de documentos de texto en un ordenador o computadora. Word forma parte de Microsoft Off-ice, un paquete de programas que permite la realización de actividades ofimáticas (las tareas que suelen llevarse a cabo en una oficina).

Vamos a iniciar Word

Para comenzar a crear un nuevo documento, seguir los siguientes pasos:

    a) Ir al buscador y colocar MENU DE INICIO

b) Escribir en la barra de búsqueda "WORD" (no omitir las comillas) (en acceso rápido colocar "WORD" y dar enter.

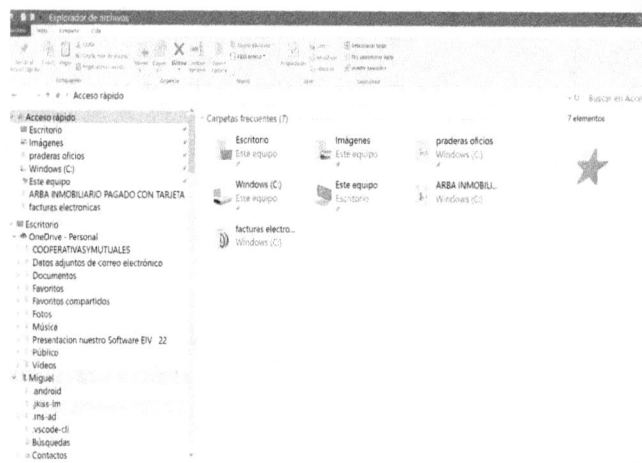

1. Haz clic en el ícono de "Inicio" en la esquina inferior izquierda de la pantalla (en sistemas Windows).

2. En el menú de inicio, busca "Microsoft Word" utilizando la función de búsqueda o desplazándote por las aplicaciones hasta encontrarlo. Puedes escribir "Word" en la barra de búsqueda para localizarlo más rápidamente.

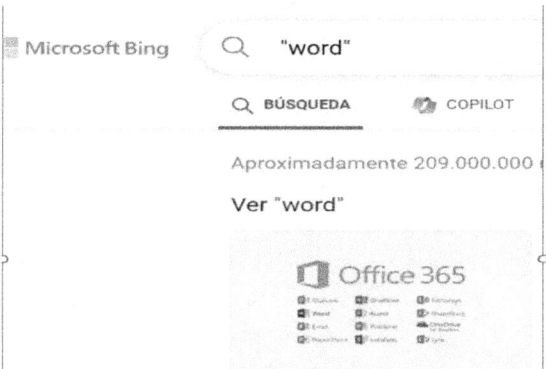

3. Haz clic en el icono de Microsoft Word para abrir la aplicación. Una vez que está abierto el producto procederemos a crear un nuevo documento.

> Commented [Miguel A1]: vierto

4. Hacer un clik con el mouse en documento en blanco.

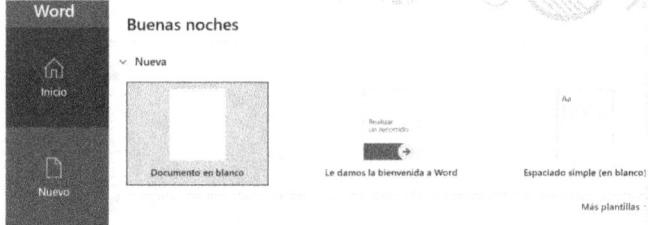

En esta etapa vamos aprender a crear, guardar y abrir documentos.

CREAR NUEVO DOCUMENTO

Hacemos doble click con el mouse sobre documento en blanco, se presentará una hoja en blanco y escribimos donde nos deja: Madrid 14 de enero de 2013., luego nos paramos con el cursor sobre M (de Madrid) tenemos luego apretado el botón derecho del mouse y arrastramos el mismo hasta 2013, sobre todo el área que queda sombreado (área= Madrid 14 de enero de 2013) y damos enter con el botón derecho; se abren distintas opciones de parametrización:

Veremos en primer lugar:

En primer Lugar, trataremos esta parametrización:

Tenemos en esta tabla dos datos: TIPO DE LETRA / LONGITUD O TAMAÑO DE LA LETRA.

Los tipos de letras más usados por el comercio y el uso y costumbres el que figura en la imagen y el otro es seleccionar ARIAL - 12.

Cuando si gamos escribiendo el software de Word seguirá tomando el último tipo de letra y tamaño.

Si hacemos con el mouse un click en lo mostrado en la imagen precedente el área que sombreemos quedará resaltada en negrita.

Si hacemos

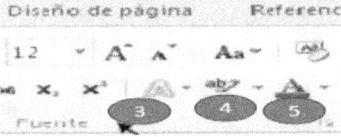

Madrid 14 de enero de 2023 .... Caso con Arial /12

Madrid 14 de enero de 2023............ Caso con Arial/14.

Madrid 14 de enero de 2023................. ...... Caso con Times New Román /12

Madrid 14 de enero de 2023. Caso que se agranda el texto.

Madrid 14 de enero de 2023 .... Caso que se achica el texto

MADRID 14 DE ENERO DE 2023 .... Caso con algarean/12

Madrid 14 de enero de 2023 .... Caso con letras color

Madrid 14 de enero de 2023 ....

CREAR / ABRIR / GUARDAR UN DOCUMENTO DE WORD

En Word, se debe guardar el documento para poder salir del programa sin perder el trabajo. Al guardar el documento, se almacena como un archivo en el equipo o en una ubicación de red. Más adelante, puede abrir el archivo, cambiarlo e imprimirlo.

Para guardar un documento, haga lo siguiente:

1. Haga clic en el botón **Guardar** de la barra de herramientas de acceso rápido. Aparece la ventana **Guardar como**.

2. Elija una ubicación donde quiera guardar el documento y escriba un nombre de archivo en el cuadro **Nombre de archivo**. Para cambiar el nombre de archivo, escriba un nuevo nombre de archivo.

Haga clic en **Guardar**.

Hacer un click en archivo. Se abren las siguientes opciones:

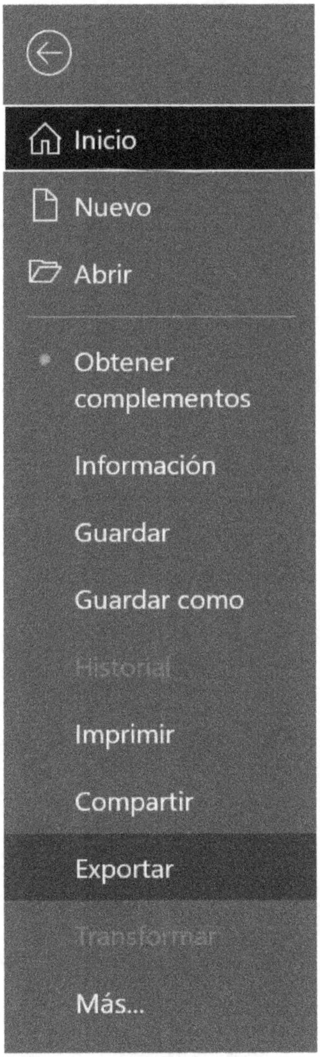

- Inicio
- Nuevo
- Abrir
- Obtener complementos
- Información
- Guardar
- Guardar como
- Historial
- Imprimir
- Compartir
- Exportar
- Transformar
- Más...

Para guardar un documento, haga lo siguiente:

Seleccionar **GUARDAR** o **GUARDAR COMO**.

REVIZION ORTOGRAFICA

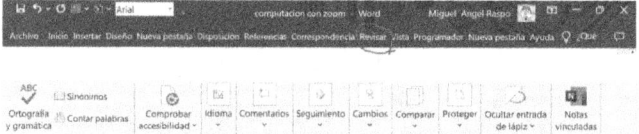

Para revisar la ortografía en Word, sigue estos pasos:

Abrir el Word e ir a la pestaña REVIZAR como se indica en la imagen precedente.

Dentro de la pestaña "Revisar", encontrarás varias opciones incluyendo "Ortografía y gramática ". Hacer con el mouse click en ortografía y gramática.

Revisar cada una de las sugerencias que Word te ofrece y decide si quieres cambiar la palabra o ignorar la sugerencia. ". Word resaltará las palabras que considere que pueden estar mal escritas.

. Dentro de la pestaña "Revisar", encontrarás varias herramientas de revisión, incluyendo "Ortografía y gramática". Word resaltará las palabras que considere que pueden estar mal escritas.

Revisa cada una de las advertencias que Word te ofrece y decidir cambiar la palabra o ignorar la sugerencia.

Si Word no ofrece sugerencias y uno puede sospechar que una palabra mal escrita, hacer click con el botón derecho sobre la palabra y seleccionar buscar:

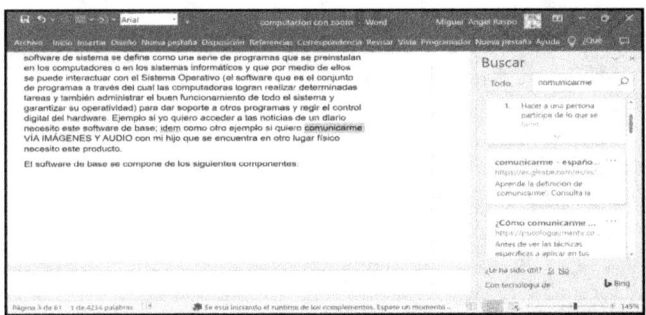

Una vez que hayas revisado todas las palabras, Word te dará un mensaje de que la revisión ortográfica está completa.

Una vez que hayas revisado todas las palabras, Word te dará un mensaje de que la revisión ortográfica está completa.

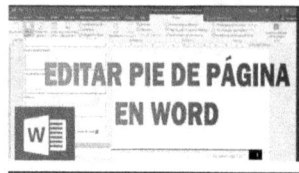

ENCABEZADOS Y PIE DE PAGINA

NUMERACION DE HOJAS

Microsoft Word es una de las herramientas más utilizadas para la creación y edición de documentos de texto. A menudo, es necesario agregar información adicional al final de cada página, como números de página, notas al pie o derechos de autor. Esta información se coloca comúnmente en lo que se conoce como «pie de página». Pie de página es una sección que se encuentra al final de cada página de un documento de Word y que contiene información adicional relacionada con el contenido del documento. Los pies de página son útiles para incluir números de página, referencias, notas al pie, citas y cualquier otra información relevante que no deseemos que aparezca directamente en el cuerpo principal del texto.

El uso de pies de página es especialmente útil en documentos extensos, como informes, tesis o libros, ya que ayuda a mantener el texto principal limpio y ordenado, al tiempo que proporciona detalles adicionales para el lector.

Cómo incluir un pie de página en Word:

Lo primero que debes hacer es abrir el documento de Word en el que deseas insertar el pie de página. Si aún no has creado el documento, puedes abrir uno nuevo desde el menú «Archivo» y seleccionando «Nuevo» o simplemente haciendo clic en el icono de documento en blanco en la pantalla de inicio de Word.

Paso 2: Navegar a la pestaña «Insertar»

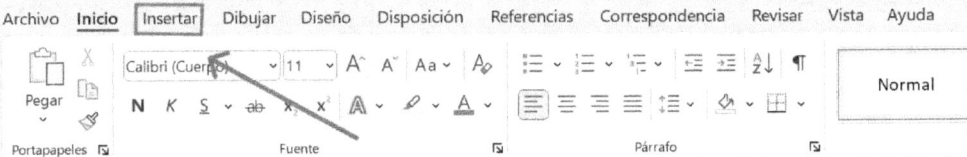

Una vez que hayas abierto el documento, ve a la parte superior de la pantalla y busca la pestaña «Insertar». Haz clic en esta pestaña para acceder a todas las opciones de inserción disponibles en Word.

Paso 3: Insertar el pie de página

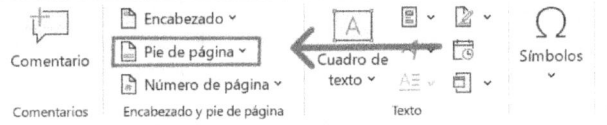

En la pestaña «Insertar», encontrarás un grupo de herramientas llamado «Encabezado y pie de página». Haz clic en el botón «Pie de página» que se encuentra en este grupo para desplegar un menú con varias opciones.

Opción 1: Pie de página prediseñado

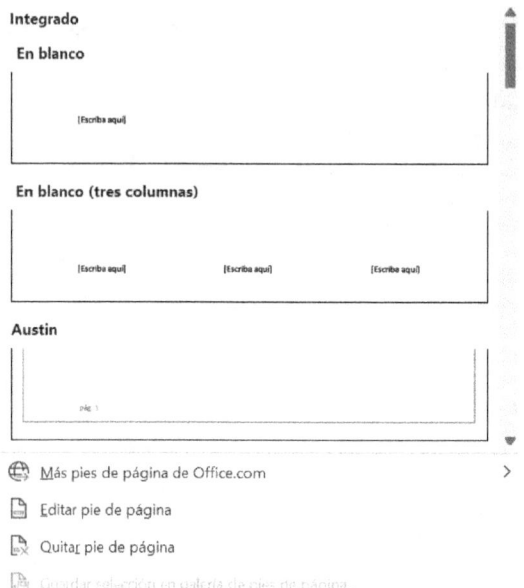

En el menú de «Pie de página», encontrarás una lista de pie de página prediseñados. Estos son estilos predefinidos que Word ofrece para facilitar la creación de pies de página comunes, como números de página, fecha y hora, y otros elementos.

1. Haz clic en el estilo de pie de página que desees insertar. Word automáticamente colocará el pie de página en la parte inferior de la página actual.
2. Si deseas personalizar el contenido del pie de página, simplemente haz clic en el área del pie de página y comienza a escribir o edita el contenido según tus necesidades.

Opción 2: Pie de página en blanco

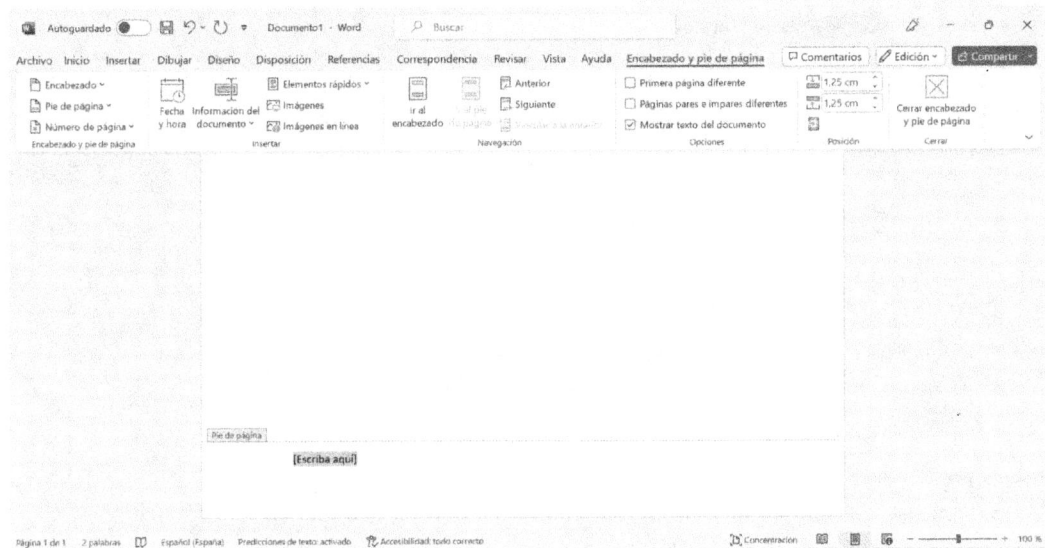

Si prefieres crear un pie de página personalizado desde cero, también puedes seleccionar la opción «Pie de página en blanco» en el menú de «Pie de página».

1. Al seleccionar «Pie de página en blanco», se abrirá un área en la parte inferior de la página donde podrás comenzar a escribir y diseñar tu pie de página según tus preferencias.
2. Puedes agregar números de página, texto, imágenes o cualquier otro elemento que desees que aparezca en el pie de página.

Paso 4: Personalizar el pie de página

Una vez que hayas insertado el pie de página, puedes personalizarlo según tus necesidades y el formato requerido para tu documento.

Personalización básica

Para realizar una personalización básica del pie de página, puedes cambiar el tamaño y el tipo de fuente, ajustar el espaciado, alinear el texto y aplicar negrita, cursiva o subrayado según sea necesario. Simplemente selecciona el contenido del pie de página y utiliza las opciones de formato en la pestaña «Inicio» de Word para realizar los cambios.

Números de página

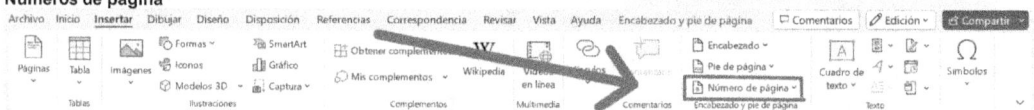

Si deseas agregar números de página a tu pie de página, puedes hacerlo seleccionando la opción «Número de página» en el grupo «Encabezado y pie de página» de la pestaña «Insertar». Word colocará automáticamente el número de página actual en el pie de página y se actualizará automáticamente a medida que agregues o elimines contenido en el documento.

Notas al pie

Si necesitas agregar notas al pie de página en tu documento, puedes hacerlo seleccionando la opción «Nota al pie» en el grupo «Referencias» de la pestaña «Insertar». Word te proporcionará una nota al pie numerada y una línea en la parte inferior de la página donde podrás escribir el contenido de la nota al pie.

Paso 5: Guardar los cambios

Una vez que hayas insertado y personalizado el pie de página, asegúrate de guardar los cambios en tu documento de Word para conservar la información del pie de página.

Cómo editar o eliminar un pie de página

Si en algún momento necesitas editar o eliminar el pie de página en tu documento, simplemente sigue estos pasos:

Editar un pie de página

1. Haz clic en el área del pie de página que deseas editar.

2. Realiza las modificaciones necesarias, como cambiar el texto, el formato o agregar elementos adicionales.
3. Guarda los cambios en tu documento.

Eliminar un pie de página
1. Haz clic en el área del pie de página que deseas eliminar.
2. Presiona la tecla «Eliminar» en tu teclado para eliminar el contenido del pie de página.
3. Si deseas eliminar todo el pie de página, ve a la pestaña «Insertar», haz clic en el botón «Pie de página» y selecciona la opción «Eliminar pie de página».

Insertar un pie de página en un documento de Word es una tarea sencilla que puede brindar un mayor nivel de organización y profesionalidad a tus documentos. Los pies de página son útiles para agregar información adicional sin afectar el contenido principal del texto. necesidades específicas.

reclamación online y mucho más.
Lee también:
cómo insertar un pie de página en un documento de Word.

Convertir WORD a PDF

Introducción a la conversión de archivos de Word a PDF

GUARDAR DOCUMENTO COMO PDF

Convertir Word A PDF

Este conversor de PDF es la solución con la que puedes contar siempre que necesites convertir Word a PDF en línea. Convierte documentos de Microsoft Word al popular y práctico formato PDF de Adobe. Convierte DOC a PDF y DOCX a PDF.

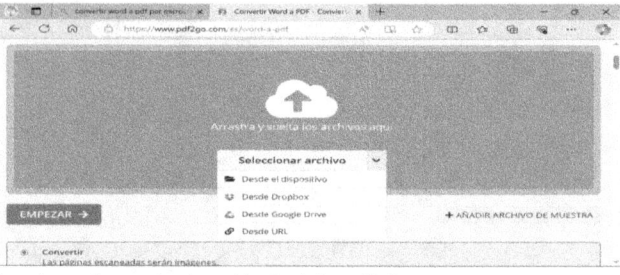

Lo más común es seleccionar "desde el dispositivo"

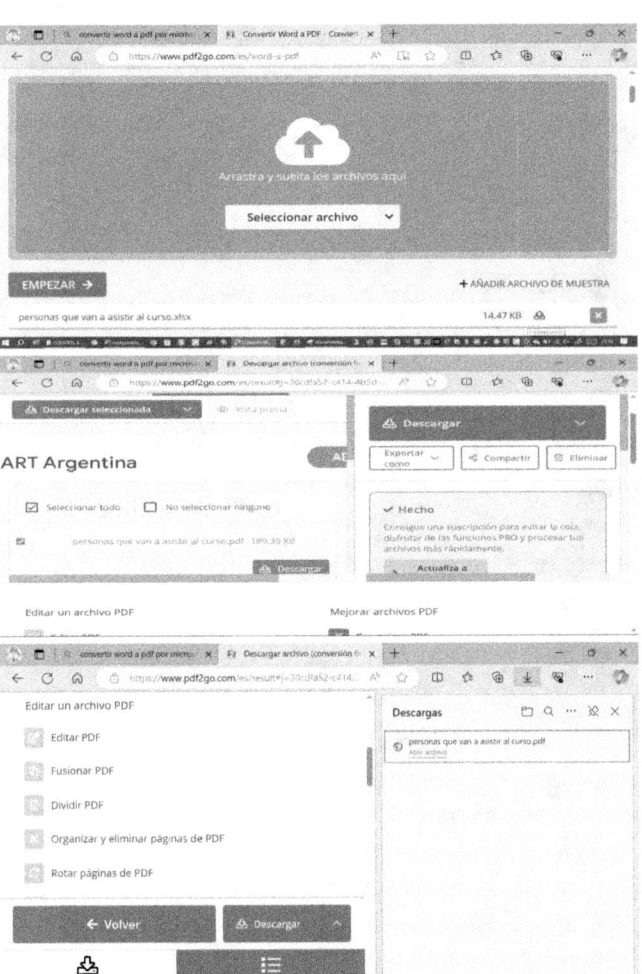

ZOO

M

Zoom es un software de comunicación que se utiliza principalmente para videollamadas, conferencias web, reuniones en línea y colaboración remota. A continuación, te proporciono una breve descripción de sus orígenes y cómo se puede definir:

Zoom Video Comunicaciones, Inc., la empresa detrás del software Zoom, fue fundada en 2011 por Eric Yuan, un antiguo ingeniero de Cisco Systems. Yuan creó Zoom con el objetivo de ofrecer una solución de videoconferencia de alta calidad, fácil de usar y accesible para empresas y usuarios individuales por igual. La plataforma ganó popularidad rápidamente debido a su fiabilidad, calidad de audio y video, así como su interfaz intuitiva.

Zoom puede definirse como un software de comunicación que permite a los usuarios realizar videollamadas individuales y grupales, así como organizar y participar en reuniones virtuales. Ofrece una variedad de funciones, que incluyen compartir pantalla, grabación de reuniones, chats de grupo, colaboración en documentos y más. Zoom está diseñado para ser multiplataforma, lo que significa que puede ser utilizado en computadoras de escritorio, dispositivos móviles y tablets. Además, ofrece una versión gratuita con características limitadas y planes de suscripción para usuarios y empresas que requieren funcionalidades avanzadas y mayor capacidad de participantes.

Para INICIAR el software nos pedirá la password y la contraseña, luego le damos INGRESAR y luego va a pedir un código de acceso que se enviará por el correo informado, el software verifica que el código sea el correcto y ya estaría el software disponible para su uso.

ç

Código de acceso único

Se ha detectado un inicio de sesión inusual desde un dispositivo o ubicación que no utiliza habitualmente o que no ha utilizado durante un tiempo. Para iniciar sesión en su cuenta de Zoom, compruebe su correo electrónico (maraspo@hotmail.com) e introduzca el código de verificación a continuación.

¿No ha recibido el código? Reenviar código

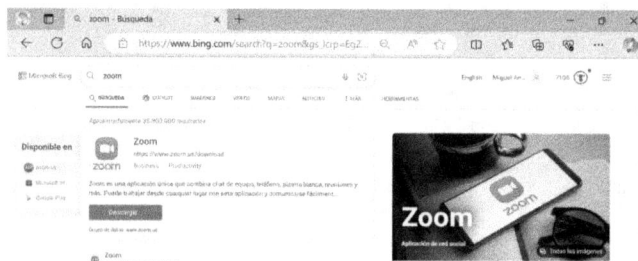

PROCEDER A GENERAR EL SOFTWARE:

Llenar los datos con la información que Uds. Consideren apropiados:

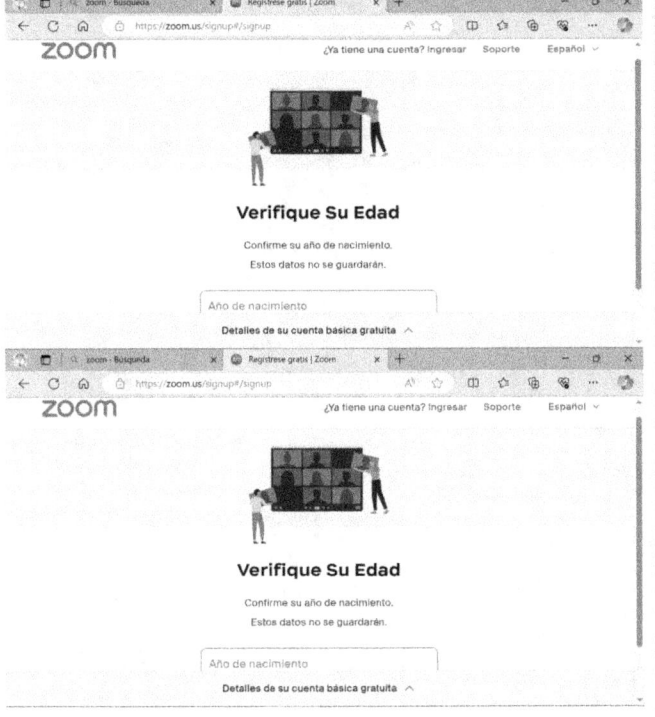

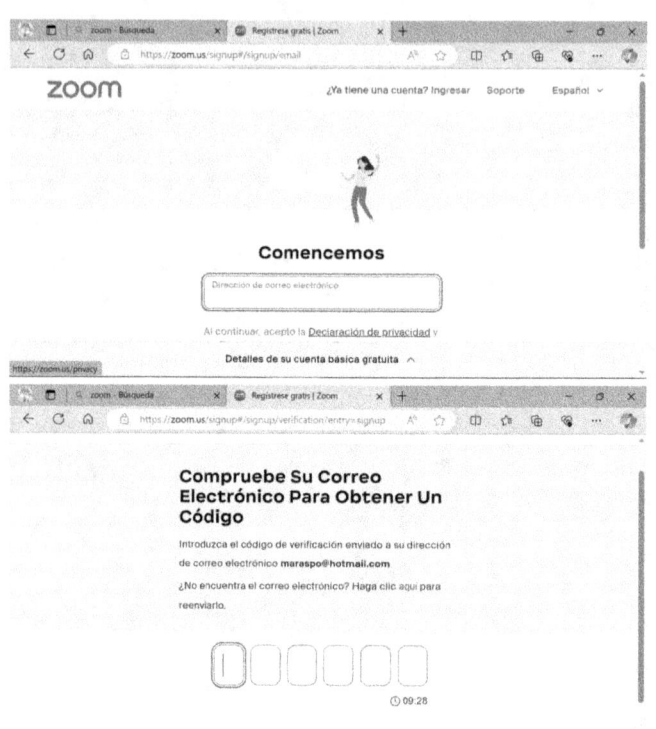

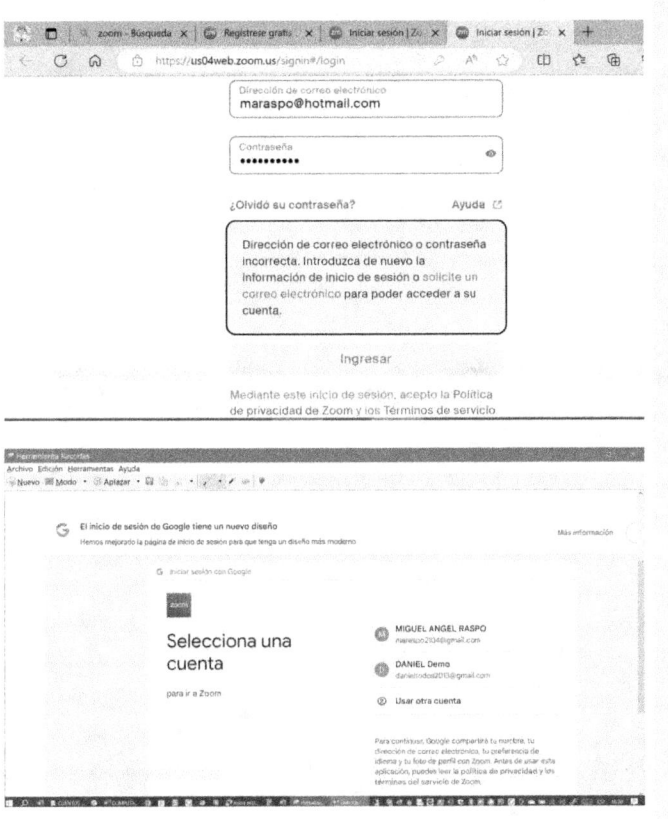

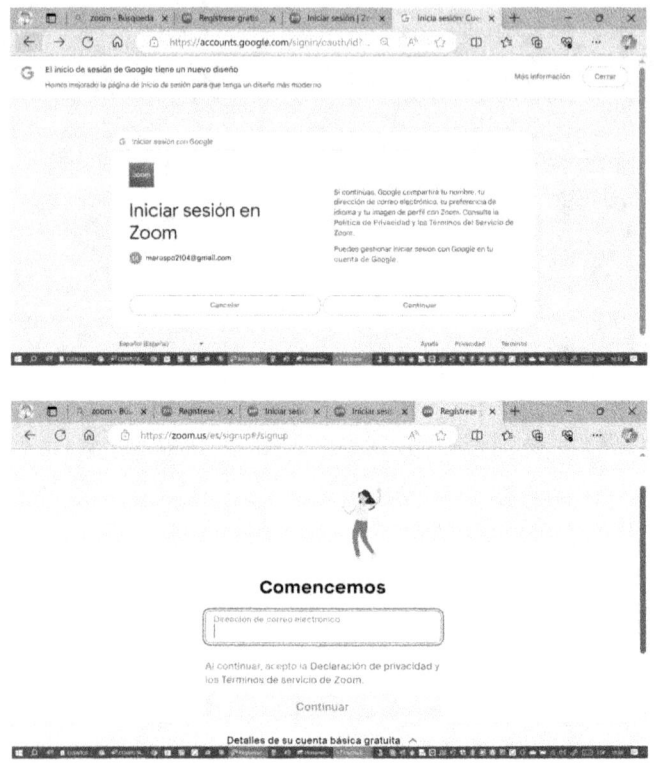

Hacer un enter con el mouse en PROGRAMAR y colocar el nombre de la reunión. Luego hacer un enter en GUARDAR.

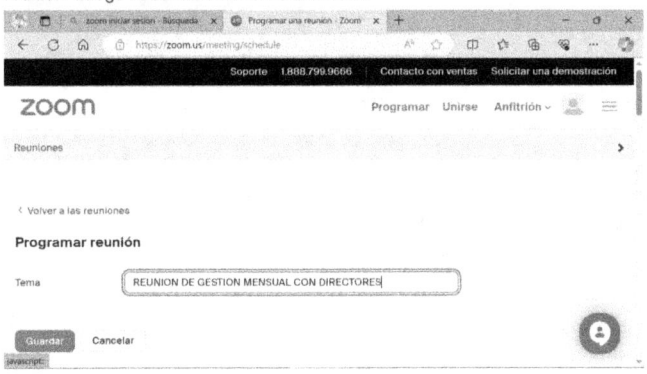

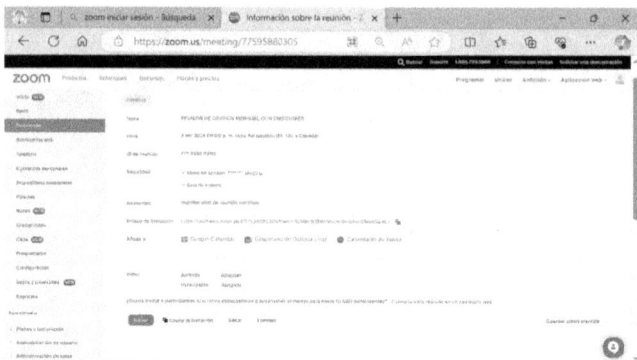

 **Como entrar a una reunión de Zoom**

Hay dos formas. El anfitrión debe proporcionar un enlace o una ID de reunión. Si es el enlace completo, simplemente pégalo en tu navegador web y estarás prácticamente adentro (en el caso de la imagen anterior se señala abajo cual es el ID). Solo recuerda que independientemente de si usas la versión web de Zoom o la app para computadora o celular, tendrás que tener una cuenta e iniciar sesión.

I (D de enlace:

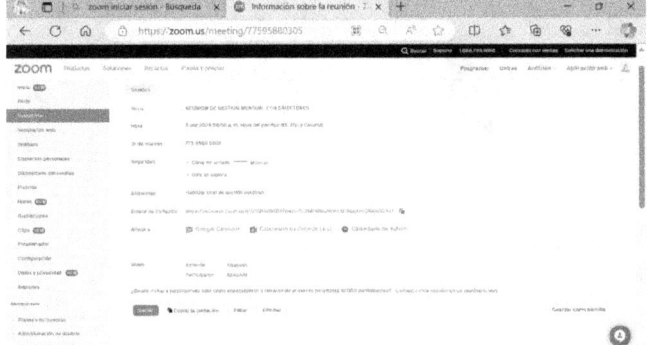

Ahora que si lo que te dieron fue un ID de reunión, sigue estos pasos I (para unirte a tu Zoom:

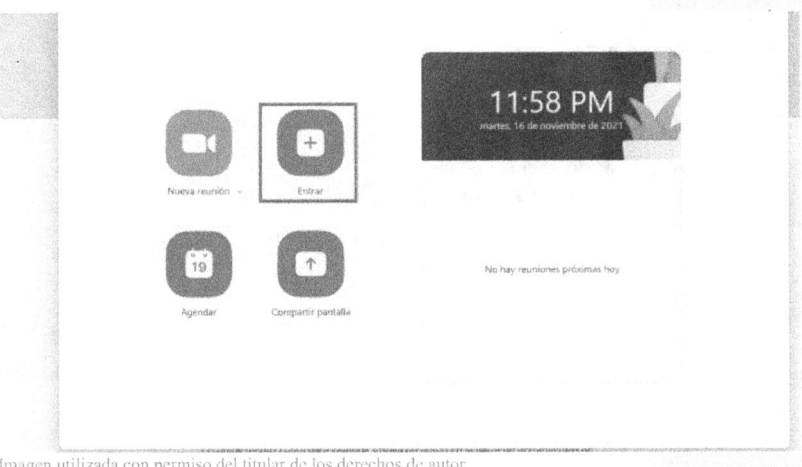

Imagen utilizada con permiso del titular de los derechos de autor

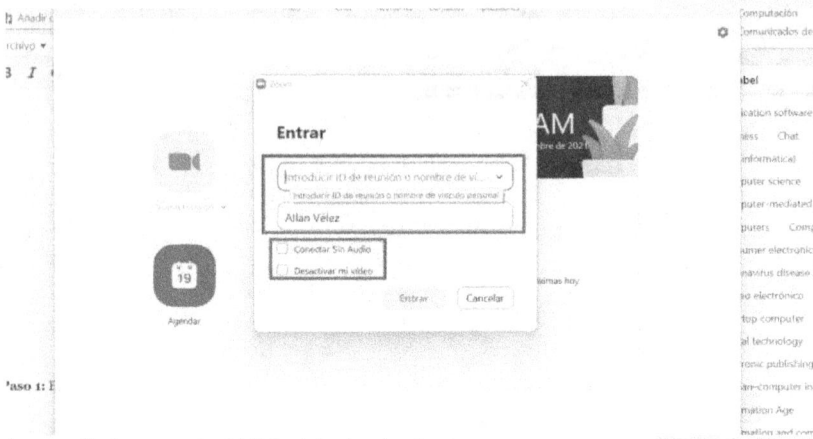

Imagen utilizada con permiso del titular de los derechos de autor

Paso 1: En tu app de Zoom selecciona la opción «Entrar». Verás una ventana emergente en donde deberás meter el ID de la reunión y seleccionar el nombre con el que quieres entrar. Esta opción es útil si tienes hijos que se conectan a clases en línea y que usan la cuenta de un mayor de edad.

También podrás seleccionar la opción «Conectar sin audio» o «Desactivar mi video», muy útiles para que no tengas que entrar a silenciarte y apagar tu cámara.

Imagen utilizada con permiso del titular de los derechos de autor

Paso 2: Si tu reunión tiene contraseña (lo más probable es que así sea), tendrás que ponerla en la casilla que lo solicita. Se como en la imagen de arriba. Puedes copiar y pegarla.

Para planificar una reunión en primer lugar se tiene que definir los objetivos de la reunión un plan de acción. El coordinador puede invitar a los asistentes enviándoles correos electrónicos. También puede invitarlos utilizando sus cuentas de redes sociales. Para el caso del siguiente ejemplo si quiero hablar con mi hijo que está en otro país esta planificación no tiene sentido.

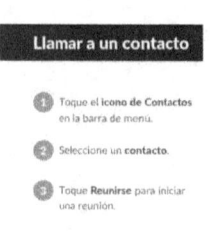
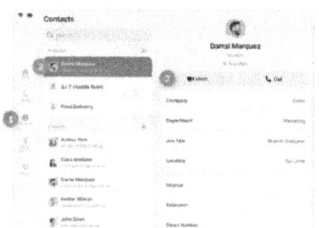

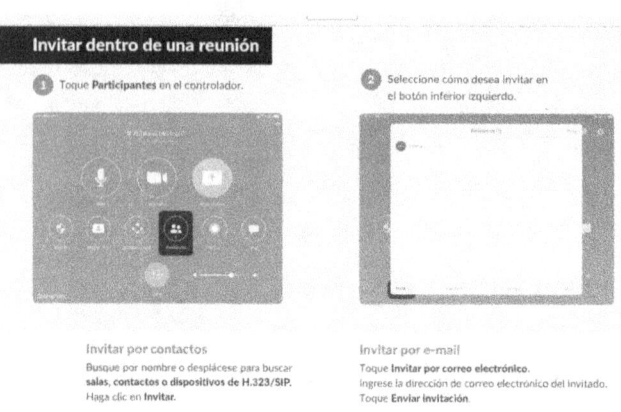

Prácticamente, todos los controles importantes de Zoom se ubican en la barra de herramientas en la parte inferior de la pantalla. ¿Necesitas bloquear tu audio? Haz clic en **Mute** en la esquina inferior izquierda. Junto a esta opción,

también se ubica el botón de **Stop Video**, que apaga tu cámara web.

Cuando das clic en **Chat**, se abrirá la ventana de conversaciones para la reunión, donde los participantes pueden enviar mensajes a todo el grupo o privados.

Cómo compartir pantalla en Zoom

Compartir pantalla es una función útil para presentaciones, clases en línea o simplemente reuniones con compañeros de trabajo.

Dentro de una reunión, da clic sobre el botón «Compartir pantalla» que está al centro de la barra de herramientas de la videollamada.

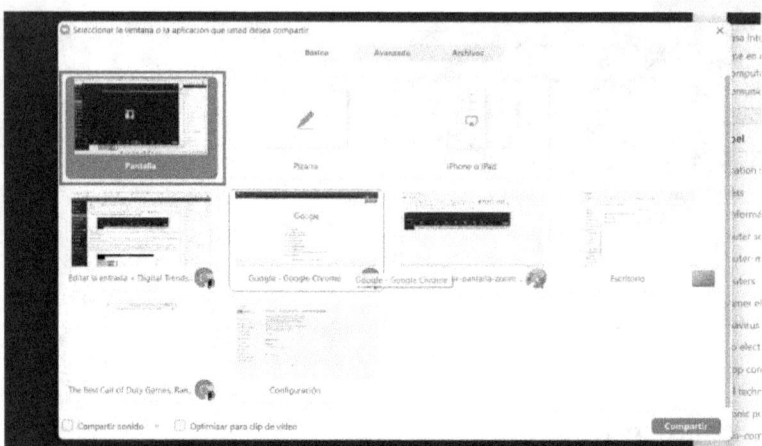

Verás una ventana con varias opciones divididas en «Básico», «Avanzado» y «Archivos». Si solo quieres compartir la imagen que tú estás viendo, quédate en «Básico» y selecciona la primera opción, que es «Pantalla».

Igual, toma en cuenta que hay varias opciones para compartir una pantalla adicional en Zoom.

Cómo interrumpir la reunión para realizar una pregunta

Al igual que en la universidad, la mejor manera de indicar que tienes una pregunta es levantando la mano. Sin embargo, en lugar de tener que levantar físicamente la mano y potencialmente interrumpir la reunión, puedes realizar la interpretación digital de este gesto en el chat de Zoom. Si el anfitrión te da la palabra, es posible que te pida que actives tu micrófono. Cuando no estás silenciado, tu foto de perfil y tu nombre se muestran al anfitrión y a los panelistas. Solo tu nombre se muestra a los demás asistentes.

Haz clic en **Levantar mano** en los controles del asistente (su ícono es una mano gris); de esta manera se notificará al anfitrión que has pedido la palabra.

Haz clic en **Bajar mano** para dejar de realizar el gesto. Ten en cuenta que, si ti

Medidas de seguridad en Zoom

Dentro del sistema de seguridad de Zoom podemos encontrar distinciones entre aquellas **medidas tomadas por el administrador** o usuarios y aquellas **dirigidas a las grabaciones** de las salas y aquellos que conserva el portal para **gestión propia**.

Jane Doe
Account No.   123456

Change   Delete

Personal Meeting ID   345-233-4234
http://success.zoom.us/j/3452334234
× Use this ID for instant meetings

Personal Link   Not set yet.

Sign-In Email   jane.doe@email.com
Linked accounts:

 **RESTRICCIONES DEL SOFTWARE POR SER LA VERSION GRATUITA**

La **versión gratuita de Zoom** tiene **limitaciones** en cuanto al **tiempo de uso**. En la versión gratuita, las **reuniones** pueden durar un máximo de **40 minutos**. Si se requiere más tiempo, es necesario **actualizar** a una versión paga. Esto puede resultar en una **limitación** para aquellos que necesitan **reuniones** prolongadas para su trabajo o actividades educativas. Por lo tanto, es importante considerar estas limitaciones al seleccionar una plataforma de videoconferencia para proyectos de **computación**. La versión gratuita permite un máximo de 100 participantes.

. Sin embargo, es importante destacar que existen ciertas limitaciones en cuanto a herramientas y funciones que pueden ser utilizadas en la versión gratuita. Por ejemplo, no se pueden grabar las reuniones ni programarlas con antelación. Para acceder a características adicionales como reuniones ilimitadas o grabación de sesiones, es necesario adquirir una suscripción de pago.